LE CLOITRE

DE

Sᵀ-TROPHIME

D'ARLES

Par M. l'Archiprêtre d'Arles

AVIGNON
SEGUIN FRÈRES, IMPRIMEURS-ÉDITEURS
—
1879

In the interest of creating a more extensive selection of rare historical book reprints, we have chosen to reproduce this title even though it may possibly have occasional imperfections such as missing and blurred pages, missing text, poor pictures, markings, dark backgrounds and other reproduction issues beyond our control. Because this work is culturally important, we have made it available as a part of our commitment to protecting, preserving and promoting the world's literature. Thank you for your understanding.

LE
CLOITRE DE S^T-TROPHIME
D'ARLES

Le Cloître d'Arles a été primitivement habité par les chanoines de St-Trophime, et telle a été sa destination jusqu'à la sécularisation du chapitre.

Les chanoines de St-Trophime avaient embrassé la règle de saint Augustin, à la fin du XIIe siècle, et Pierre d'Eynard se soumit lui-même à cette règle, quand il passa, en 1183, de l'évêché de Toulon au siége primatial d'Arles.

Ils furent sécularisés vers la fin du XVe siècle, par le pape Innocent VIII, à la demande de l'archevêque d'Arles, Nicolas Cibo, son neveu. La bulle d'Innocent VIII est du 1er décembre 1480, mais la sécularisation définitive ne se fit que le 23 août 1493, sous le pontificat d'Alexandre VI.

La partie de cet édifice destinée à l'habitation des chanoines a subi de telles modifications depuis la sécularisation du chapitre, qu'il serait bien difficile de dire aujourd'hui, avec quelque précision, quel en était l'état primitif; ce n'est pas d'ailleurs ce qui intéresse surtout les visiteurs. Quant aux quatre galeries qui composent le monument, elles ont souffert des dégradations, mais n'ont subi pendant ces quatre siècles aucune transformation.

Ces quatre galeries appartiennent évidemment à quatre époques différentes : la plus ancienne peut remonter jusqu'à la fin du XIe siècle, et la plus récente peut être de la fin du XVe ou du commencement du XVIe siècle. La construction d'un édifice aussi riche de détails a dû sans doute prendre un certain temps; il peut fort bien se faire aussi qu'il ait été interrompu, et même à différentes reprises ; mais il est probable pourtant qu'il n'est pas resté pendant près de quatre siècles inachevé. Il est plus naturel de supposer qu'il a été tout d'abord achevé avec ses quatare gleries dans un style à peu près uniforme, et que les galeries du midi et du couchant auront dû être reconstruites, soit à la suite d'un accident quelconque, soit simplement par un effet du temps. Quoi qu'il en soit, ce Cloître, tel qu'il est, est un des plus beaux monuments du midi, et résume dans son ensemble toutes les phases de l'architecture, depuis le cintre encore pur jusqu'à l'ogive parfaite.

Le préau intérieur porte encore les traces de ces modifications que le cloître a subies. On y voit des piliers dont rien, dans l'état actuel de l'édifice, n'explique suffisamment la destination. Dans la construction primitive, ces piliers portaient la couverture du cloître, et les têtes des contreforts étaient destinées à recevoir les gargouilles qui déversaient dans le préau les eaux pluviales ramassées dans un chéneau collecteur. Cette toiture a disparu lorsque, probablement au XIIIe siècle, on a construit au-dessus des galeries une terrasse qui existe encore.

Les étrangers qui visitent le cloître regrettent souvent de ne pas pouvoir lire les inscriptions qui sont sur les murs ou de ne pas comprendre suffisamment les sujets sculptés sur les chapiteaux ; ces quelques pages ont pour objet de leur faciliter cette double étude et de leur donneur une idée plus complète des détails de ce monument.

I. — GALERIE DU NORD

La galerie du nord est la plus ancienne sans contredit : elle se compose de trois travées principales, et chaque travée est divisée en quatre arcades portées sur des colonnettes jumelles. Les colonnes du cloître sont à peu près toutes en marbre blanc, et il est probable qu'elles ont été taillées dans des fûts brisés des monuments païens et du théâtre surtout.

Le pilier d'angle, par lequel s'ouvre cette galerie, se compose de trois statues et de deux panneaux. Les trois statues sont : celle de saint Trophime, au milieu, celle de saint Pierre, à droite, et celle de l'évangéliste saint Jean à gauche. Saint Trophime occupe la place principale, parce qu'il fut le premier apôtre d'Arles et qu'il y bâtit, sur l'emplacement même de l'église actuelle, une église qu'il dédia au premier martyr, saint Étienne. Sur le socle on lit cette inscription, qui n'a aucun rapport avec la statue :

OBIIT
† II Kal. oct. Ior-
dan. dec. an. Sci. Trophimi
anno Dni mclxxxviii.

Le panneau entre saint Trophime et saint Jean représente, dans sa partie supérieure, les Saintes-Maries, et, dans sa partie inférieure, les disciples d'Emmaüs.

Les saintes Maries. — Marie-Magdeleine, Marie, mère de Jacques, et Salomée achetèrent des parfums pour venir embaumer Jésus, et, le premier jour de la semaine, elles partirent de grand matin en portant les parfums qu'elles avaient préparés et arrivèrent au sépulcre au lever du soleil (*S. Marc*, ch. xvi. — *S. Luc*, ch. xxiv.)

Les disciples d'Emmaüs. — Deux disciples s'en allaient dans un bourg nommé Emmaüs, éloigné de 60 stades de Jérusalem. Jésus les joignit et se mit à marcher avec eux. Quand ils furent arrivés au bourg où ils allaient, il fit semblant d'aller plus loin ; ils le prièrent de s'arrêter en lui disant : Demeurez avec nous, car il est déjà tard et le jour est sur son déclin. Il entra donc avec eux, et, pendant qu'ils étaient à table, il prit du pain, le bénit, et, l'ayant rompu, il le leur donna. Et en même temps leurs yeux s'ouvrirent et ils le reconnurent ; mais aussitôt il disparut de devant leurs yeux (*S. Luc*, ch. XXIV). Le bas-relief représente les deux disciples au moment où Notre-Seigneur vient de les quitter.

Le panneau entre saint Trophime et saint Pierre représente la *Résurrection de N.-S.* Les princes des prêtres et les pharisiens vinrent ensemble trouver Pilate, et lui dirent : Nous nous sommes souvenus que cet imposteur a dit lorsqu'il était encore en vie : Je ressusciterai trois jours après ma mort. Commandez donc que le sépulcre soit gardé jusqu'au troisième jour. Pilate leur répondit : Vous avez des gardes, allez, faites-le garder comme vous l'entendrez. Ils s'en allèrent donc et, pour s'assurer du sépulcre, ils scellèrent la pierre qui en fermait l'entrée et y mirent des gardes.... Tout à coup, il se fit un grand tremblement de terre, un ange du Seigneur descendit du ciel, et vint renverser la pierre qui fermait le sépulcre. Les gardes en furent tellement saisis de frayeur qu'ils devinrent comme morts (*S. Matthieu*, ch. XXVII, XXVIII).

Le tombeau est au centre du bas-relief, avec cette inscription :

SEPVLCRVM DNI.

Le couvercle en est soulevé, il en pend un linceuil ; une croix s'élève au milieu d'une flamme. Les gardes sont éblouis, deux anges regardent le tombeau, et Jésus-Christ s'élance triomphalement vers le ciel.

Les chapiteaux de la première travée représentent la résurrection de Lazare, le sacrifice d'Abraham et le prophète Balaam.

La résurrection de Lazare. — Lazare était malade au bourg de Béthanie, où demeuraient Marie et Marthe. Ses sœurs envoyèrent dire à Jésus : Seigneur, celui que vous aimez est malade. Jésus demeura encore deux jours au lieu où il était. Quand il arriva, Lazare était dans le tombeau depuis déjà quatre jours. Marthe alla au devant de lui et lui dit : Si vous aviez été ici, mon frère ne serait pas mort. Jésus lui dit : Votre frère ressuscitera, et il se rendit au sépulcre ; c'était une grotte, et on avait mis une pierre par dessus. Il leur dit : Otez la pierre ; et ils ôtèrent la pierre. Jésus cria d'une voix forte : Lazare, sortez ! A l'instant le mort sortit, ayant les pieds et les mains liés de bandes et le visage enveloppé d'un linge. Jésus, s'adressant à ses disciples, leur dit: Déliez-le et le laissez aller (*S. Jean,* ch. xi).

N.-S. occupe le milieu du chapiteau ; à sa gauche,

on voit sainte Marthe et un apôtre ; à sa droite, le tombeau, les gens qui en ont enlevé la pierre, et Lazare ressuscité. Au-dessous du tombeau est gravé ce mot : LAZARE.

Le sacrifice d'Abraham. — Dieu dit à Abraham : Prenez Isaac, votre fils unique, allez en la terre de vision, et là, vous me l'offrirez en holocauste sur une des montagnes que je vous montrerai. Abraham se leva avant le jour, prit avec lui deux serviteurs et Isaac son fils, et s'en alla au lieu que Dieu lui avait désigné.... Isaac était chargé du bois de l'holocauste; Abraham portait le feu et le couteau. Ils marchaient ensemble. Isaac dit à son père: Mon père !.. Abraham lui répondit : Mon fils, que veux-tu ? Voilà, dit Isaac, le feu et le bois ; mais où est la victime? Abraham lui répondit: Mon fils, Dieu y pourvoira. Et ils continuèrent à marcher ensemble. Ils vinrent au lieu que Dieu leur avait montré. Abraham dressa un autel, disposa le bois, lia son fils Isaac et le mit sur le bois et l'autel. Au moment où il étendait la main pour prendre le couteau, l'ange du Seigneur lui cria : Abraham ! Abraham ! Il répondit : Me voici. L'ange dit : Ne mettez point la main sur l'enfant et ne lui faites aucun mal. Abraham, levant les yeux au ciel pour rendre grâce à Dieu, vit derrière lui un bélier qui s'était embarrassé avec ses cornes dans un buisson, et l'ayant pris, il l'offrit en holocauste au lieu de son fils (*Gen.*, ch. XXII).

Sur une des faces du chapiteau, on voit Abraham et Isaac se rendant au lieu désigné, sur l'autre, Abraham levant le bras et l'ange qui l'arrête, sur la face intérieure, on voit le sacrifice du bélier.

Le prophète Balaam. — Balac, roi des Moabites, envoya des ambassadeurs à Balaam, et lui fit dire : Venez maudire Israël, car je sais que celui que vous bénirez sera béni, et celui que vous maudirez sera maudit.... Balaam sella son ânesse et se mit en route. Dieu fut irrité ; un ange se présenta sur le chemin avec une épée nue à la main. L'ânesse vit l'ange et, se détournant du chemin, s'en allait à travers les champs. Balaam la ramena dans le chemin et la frappait. L'ânesse, voyant toujours l'ange, se serrait contre le mur et pressa le pied du prophète. Balaam continuait à la frapper encore plus fort. Le Seigneur ouvrit en même temps et la bouche de l'animal, qui se plaignit de ces mauvais traitements et les yeux de Balaam qui vit l'ange. J'ai péché, dit Balaam à l'ange, et s'il ne vous plaît pas que j'aille plus loin, je retournerai. Allez, lui dit l'ange, mais prenez bien garde de ne rien dire que ce que je vous commanderai... Balac conduisit Balaam dans une ville qui était à l'extrémité de ses États, et, lui ayant montré le camp d'Israël, il lui ordonna de le maudire. Mais jusqu'à trois fois, après avoir consulté le Seigneur, Balaam n'eut que des bénédictions pour le peuple de Dieu (*Nombres,* chap. XXII à XXV).

Balac est sur la face intérieure du chapiteau ; sur un côté, Balaam et l'ânesse ; sur le devant, l'ange avec une épée, et, de l'autre côté, le camp des Israélites. On lit ces mots sur une tour : *Filii Hisrael.*

Dans le second pilier, sont encastrées trois statues : celle du milieu représente saint Jacques de Compostelle, et les deux autres deux pèlerins. Le corps de saint Jacques-le-Majeur avait été miraculeusement retrouvé à Iria Flavia, au commencement du IXe siècle, et transporté à Compostelle, où il fut depuis l'occasion d'un des pèlerinages les plus fréquentés du monde chrétien. On peut voir dans les deux statues des côtés un pèlerin et un maure, représentant, l'un, la dévotion du monde chrétien, l'autre, l'état de l'Espagne à cette époque.

Les chapiteaux de la seconde travée représentent l'apparition de Mambré et saint Paul à l'Aréopage ; le troisième n'a que des sculptures de pur ornement.

L'apparition de Mambré. — Abraham était assis à la porte de sa tente dans la vallée de Mambré au moment de la plus forte chaleur du jour. Tout à coup le Seigneur lui apparut sous la figure de trois voyageurs. Il courut aussitôt au devant d'eux, et se prosternant : Seigneurs, dit-il, ne passez pas sans vous arrêter. Je vais vous apporter un peu d'eau pour laver vos pieds, je vous servirai ensuite un peu de pain, et, quand vous aurez repris vos forces, vous pourrez continuer votre route. Ils lui répondirent : Nous acceptons votre offre. Abraham entra dans sa tente et dit à Sara : Pétris vite trois mesures de farine, et fais cuire quelques pains sous la cendre. Il courut aussitôt à son troupeau, choisit un veau des plus tendres et des meilleurs, et le donna à un serviteur, qui se hâta de le faire cuire. Il servit ensuite du beurre et du lait et le veau qu'il avait fait cuire et il se tenait debout devant ses hôtes sous un arbre. Après qu'ils eurent mangé, ils lui dirent: Où est Sara, votre femme? Il leur répondit : Elle est dans sa tente. Je reviendrai dans un an, dit l'un d'eux, et Sara aura un fils. Ce que Sara ayant entendu, elle sourit derrière la porte, car ils étaient fort vieux tous deux. Le Seigneur dit à Abraham : Pourquoi Sara a-t-elle ri ? y a-t-il rien de difficile à Dieu ? Je n'ai point ri, dit Sara tout épouvantée. Oui, reprit le Seigneur, vous avez ri. Après cela ils s'en allèrent, et Abraham les reconduisit (*Genèse*, chap. XVIII).

Sur un des côtés, on voit les trois anges, sur le devant Abraham et Sara, sur l'autre côté, Abraham portant sur ses épaules un veau qu'il vient de prendre dans son troupeau.

Saint Paul à l'Aréopage. — Pendant que Paul attendait Silas et Timothée à Athènes, quelques philosophes épicuriens et stoïciens qui conférèrent avec lui le conduisirent à l'Aréopage en lui disant : Pourrions-nous savoir de vous quelle est cette nouvelle doctrine que vous enseignez ? Paul étant donc au milieu de l'Aréopage leur dit : Il me semble qu'en toutes choses vous êtes religieux jusqu'à l'excès : car, ayant en passant regardé les statues de vos dieux, j'ai vu un autel sur lequel vous avez écrit : *Au dieu inconnu*. C'est ce Dieu que vous adorez sans le connaître que je vous annonce ; et il leur annonça Jésus-Christ. Quelques-uns se joignirent à lui et embrassèrent la foi : parmi eux fut Denis, sénateur de l'aréopage (*Actes des Apôtres,* chap. XVII).

Ce chapiteau est un des plus dégradés, on y reconnaît cependant saint Paul et les sénateurs de l'Aréopage.

Comme les deux précédents, le troisième pilier est décoré de trois statues. Au milieu se trouve Notre-Seigneur montrant ses plaies à saint Thomas, qui est à sa droite. Saint Thomas avait dit : Si Je ne vois dans ses mains les marques des clous et si je ne mets ma main dans la plaie de son côté, je ne le croirai pas ressuscité. Huit jours après, Jésus apparut de nouveau à ses disciples, et il dit à Thomas : Portez ici votre doigt et regardez mes mains ; approchez aussi votre main et mettez-la dans mon côté et ne soyez pas incrédule, mais fidèle. St Thomas s'écria : Mon Seigneur et mon Dieu ! (S. Jean, ch. XXI). A gauche de Notre-Seigneur, se trouve saint Jacques le Mineur, tenant entre ses mains un livre sur lequel est écrit son nom : *Jacobus*.

Des trois chapiteaux de la travée suivante, le premier seul contient un fait historique : Moïse voit le Seigneur et en reçoit les tables de la loi : les deux derniers n'ont que des ornements.

Moïse conduisait les troupeaux de Jethro, son beau-père ; un jour, il s'avança dans le désert et vint jusqu'à la montagne d'Horeb. Là, le Seigneur lui apparut dans une flamme de feu qui sortait d'un buisson et le buisson brûlait sans se consumer. Le Seigneur l'appela du milieu du buisson et lui dit : J'ai vu l'affliction de mon peuple qui est en Égypte. Je vous enverrai vers Pharaon, afin que vous le délivriez.... Le troisième jour du troisième mois après la sortie d'Égypte, les Israélites vinrent au désert de Sinaï, et Moïse y reçut les tables de la loi, au milieu des éclairs et des tonnerres (Exode, c. III et XIX).

Le côté intérieur du chapiteau représente le buisson ardent et Dieu au milieu des flammes ; sur une des autres faces, Moïse conduit son troupeau ; sur les deux autres, il reçoit les tables de la loi indiquées par ces mots : *Tabula Moysi*.

Sur les murs intérieurs de cette galerie, on voit une suite d'arcatures qui n'ont aucun rapport symétrique avec celles qui sont en face, mais qui paraissent cependant être de la même époque : une plus grande pouvait être la porte d'entrée d'une salle capitulaire. Les arcs doubleaux y reposent du côté du mur sur des consoles représentant des figures dans les postures les plus bizarres.

Sur le même mur sont enchâssées les trois épitaphes suivantes :

I

III NON. FEBRVARII DIE FESTIVITATIS
SANCTI BLASII, AGGRESSVS EST VIAM
VNIVERSE CARNIS GVILLELMVS
GAVALLERIVS, ANNO DOMINICE
INCARNATIONIS MCC
III. ORATE PRO EO.

II

VI. ID. OCT.
OBIIT PONCIVS DE
BARCIA, CAPVT SCOLE, ET
CANONICVS REGVLARIS
SCI TROPHIMI, ANNO
MCI°

III

VII KAL. JANVARII
ANNO DNI MCLXXXIII.O
BIIT PONCIVS REBOLII. SA-
CERDOS ET CANONICVS
REGVLARIS ET OPERARI.
ECCLESIE SANCTI TROP-
HIMI. ORATE PRO EO.

On appelait *operarius* dans les chapitres et les monastères, dit du Cange, le chanoine ou le religieux qui avait la direction des travaux.

II. — Galerie de l'Est

Le pilier d'angle entre la première et la seconde galerie est évidemment le pendant du pilier de l'angle opposé. C'est la même disposition. Trois statues et deux panneaux : il y a un rapport évident entre les personnages de l'un et de l'autre. D'un côté, saint Trophime, saint Pierre et saint Jean ; de l'autre, saint Étienne, saint Paul et un évangéliste, qui est probablement saint Mathieu.

De temps immémorial, l'église d'Arles possède le crâne de saint Étienne ; de très-anciens monuments disent que saint Trophime l'avait apporté lui-même. Le premier oratoire public à Arles fut dédié par saint Trophime au premier martyr, saint Étienne. Sur cette église primitive, 600 ans plus tard, saint Virgile bâtit une autre église, qu'il dédia encore au même saint. Cette église a porté depuis le nom de saint Trophime, mais à l'époque où le cloître a été bâti, elle s'appelait encore la basilique de St-Étienne. Comme patron, saint Étienne avait droit à une place d'honneur dans le cloître, il a eu la première après saint Trophime. Il porte un livre sur lequel est écrit son nom, SCS. STEFANVS. Saint Paul tient à la main un rouleau sur lequel il ne reste que quelques lettres d'une inscription que le temps a tout à fait effacée.

Sur le premier panneau, entre saint Étienne et saint Paul, est représentée l'Ascension de Notre-Seigneur, sur l'autre la lapidation de saint Étienne.

L'Ascension de Notre-Seigneur. — Jésus conduisit ses disciples sur la montagne des Oliviers, où ils le virent s'élever au ciel, et il entra dans une nuée qui le déroba à leurs yeux. Comme ils le regardaient monter au ciel, deux anges se présentèrent tout à coup à eux et leur dirent : Ce Jésus que vous avez vu s'élever vers le ciel, il reviendra de la même manière à la fin des siècles, afin de juger tous les hommes. (*Actes des Apôtres,* ch. 1.)

La Lapidation de saint Étienne. — Étienne dit : Je vois les cieux ouverts et le fils de l'homme debout à la droite de Dieu. Alors, poussssant de grands cris, ses accusateurs se jetèrent sur lui, l'entraînèrent hors de la ville et le lapidèrent. Étienne priait et disait : Seigneur Jésus, recevez mon esprit. S'étant mis ensuite à genoux, il s'écria : Seigneur, ne leur imputez point ce péché, et il s'endormit dans le Seigneur. (*Actes des Apôtres,* ch. vii.)

La seconde galerie, comme la première, se compose de trois travées, divisées chacune en quatre arcades. Les chapiteaux de la première travée représentent les mystères de la vie de la Sainte Vierge et les anges annonçant aux bergers la naissance de Notre-Seigneur.

Les Mystères de la Vie de la Sainte Vierge. — Sur la première face du chapiteau est représentée la Nativité de la Sainte-Vierge. Sainte Anne est dans son lit, une femme soigne la Sainte Vierge enfant. Saint Joachim est entre les deux colonnes. L'enfant Jésus est en haut, dans la crèche, réchauffé par le bœuf et l'âne.

Le côté opposé représente l'Annonciation. L'Ange Gabriel fut envoyé de Dieu en une ville de Galilée, appelée Nazareth, à une vierge qui s'appelait Marie. L'ange étant entré dans le lieu où elle était, lui dit : Je vous salue, pleine de grâce, le Seigneur est avec vous, vous êtes bénie entre toutes les femmes. Marie fut troublée en entendant ces paroles et elle se demandait quelle pouvait être cette salutation. L'ange lui dit : Ne craignez pas, car vous avez trouvé grâce devant Dieu. Marie lui dit : Voici la servante du Seigneur, qu'il me soit fait selon votre parole. (St Luc, ch. 1.)

La face de devant du même chapiteau représente la Visitation. Après la visite de l'ange, Marie s'en alla dans le pays des montagnes en une ville de la tribu de Juda, et étant entrée dans la maison de Zacharie, elle salua Élisabeth. Dès qu'elle entendit la voix de Marie qui la saluait, Élizabeth remplie du Saint-Esprit, s'écria : Vous êtes bénie entre toutes les femmes et le fruit de vos entrailles est béni. Et d'où me vient ce bonheur que la mère de mon Seigneur vienne vers moi ? Marie demeura avec Élisabeth environ trois mois. (St Luc, ch. 1.)

Quatre aigles et un ange composent le second chapiteau. Sur le troisième, on voit des anges conversant avec des bergers. Le sujet n'est pas difficile à comprendre, il s'agit de la naissance du Messie. Il y avait aux environs de Bethléem des bergers qui passaient la nuit dans les champs, veillant tour à tour à la garde de leurs troupeaux. Tout d'un coup, un ange du ciel se présenta à eux et une clarté céleste les environna : ils furent saisis d'une grande frayeur. Mais l'ange leur dit : Ne craignez point, je viens vous apporter une nouvelle qui sera pour tout le peuple d'Israel le sujet d'une grande joie. Aujourd'hui, dans la ville de David, il vous est né un Sauveur qui est le Christ et voici la marque que je vous donne pour le reconnaître : vous trouverez un enfant enveloppé de langes et couché dans une crèche. Au même instant, il se joignit à l'ange une grande troupe de l'armée céleste, louant Dieu et disant : Gloire à Dieu au plus haut des cieux et paix sur la terre aux hommes de bonne volonté. (St Luc, ch. II.)

Au-dessus des arcades de cette travée, se trouvent sous la corniche les quatre symboles des évangélistes dans cet ordre : le bœuf, l'homme, l'aigle et le lion.

Sur le premier pilier était représentée la flagellation ; le milieu était rempli par le Christ attaché à la colonne ; cette partie a disparu. Il reste encore les deux statues latérales qui complétaient le sujet : d'un côté, Judas portant dans une bourse le prix du sang du Juste et de sa trahison ; de l'autre, un soldat armé du fouet de la flagellation. Sur la partie supérieure de ce pilier est représenté le combat d'un chevalier et d'un ours.

Les chapiteaux de la seconde travée représentent le massacre des Innocents, la fuite en Égypte et l'arrivée des Mages chez Hérode.

Le Massacre des Innocents. — Hérode, voyant que les Mages l'avaient trompé, entra dans une grande colère et donna l'ordre de tuer tous les enfants qui étaient dans Bethléem et dans tout le pays d'alentour, de l'âge de deux ans et au-dessous, suivant le temps de l'apparition de l'étoile, dont il s'était exactement informé des Mages. Alors s'accomplit ce qui avait été prédit par le prophète Jérémie en ces termes : On a entendu dans Rama une voix lamentable, des pleurs et de grands cris. Rachel pleure sur ses enfants et ne veut point recevoir de consolation, parce qu'ils ne sont plus. (St Mathieu, ch. II.)

Hérode occupe le devant, Rachel est sur un des côtés.

La Fuite en Égypte. -- Un ange du Seigneur apparut à Joseph et lui dit : Levez-vous, prenez l'enfant et sa mère, fuyez en Égypte et demeurez-y jusqu'à ce que je vous dise d'en partir, car Hérode cherche l'enfant pour le faire mourir. Joseph s'étant levé, prit l'enfant et sa mère durant la nuit et se etira en Égypte. (St Mathieu, ch. II.)

La Sainte Vierge est montée sur un âne et tient l'enfant Jésus sur ses genoux ; saint Joseph précède, d'une main il conduit la monture, de l'autre il tient sur son épaule un bâton portant un manteau. Un ange est à côté de la Sainte Vierge et un autre ferme la marche, armé d'un fouet pour hâter les pas du trop paisible animal.

L'intérieur de la colonne représente le sommeil des trois rois mages qui reçoivent en songe un avertissement de Dieu de ne plus retourner auprès d'Hérode et de s'en aller en leur pays par un autre chemin. (St Math., ch. II.)

L'arrivée des Mages chez Hérode. — Jésus étant né dans Bethléem, des Mages vinrent d'Orient à Jérusalem, et ils demandaient : Où est né le roi des Juifs? car nous avons vu en Orient une étoile et nous venons l'adorer. Cela vint à la connaissance d'Hérode, et il en fut troublé, ainsi que toute la ville. Ayant assemblé tous les princes des prêtres et les scribes du peuple, il leur demanda où devait naître le Messie. Ils lui dirent que ce devait être à Béthléem de Juda. Il appela alors les Mages et leur demanda en quel temps l'étoile leur était apparue ; ensuite, il les congédia en leur disant : Informez-vous exactement de cet enfant et lorsque vous l'aurez trouvé, faites-le moi savoir, afin que j'aille aussi moi-même l'adorer. (St Mathieu, ch. II.)

Le roi Hérode est sur le devant; on voit d'un côté les Mages qui arrivent avec leurs présents ; de l'autre, les princes des prêtres et les scribes qu'il a fait appeler. Les chevaux des Mages sont dans l'intérieur.

Le second pilier porte l'agneau et la croix de St-Jean-Baptiste. Les bas-côtés sont occupés par deux statues qui paraissent représenter, l'une la reine de Saba, l'autre le roi Salomon.

Les chapiteaux de la troisième travée représentent l'adoration des Mages, l'entrée de Jésus à Jérusalem, la conversion de saint Paul et la prédication de l'Évangile.

L'Adoration des Mages. — Les Mages trouvèrent l'enfant avec Marie, sa mère, et se prosternant, ils l'adorèrent ; puis, ouvrant leurs trésors, ils lui offrirent pour présents de l'or, de l'encens et de la myrrhe. (St Mathieu, ch. II.

La Sainte Vierge et l'enfant Jésus sont devant ; d'un côté, est saint Joseph dans l'attitude de la méditation ; de l'autre, sont les rois Mages, offrant eurs présents ; les chevaux sont derrière.

L'entrée de Jésus à Jérusalem. — Étant arrivé en vue de Bethphagé, Jésus envoya deux de ses disciples en leur disant : Allez à ce village qui est devant vous, vous y trouverez en arrivant une ânesse attachée et son ânon avec elle, détachez-les et me les amenez. Les disciples s'en allèrent et firent ce que Jésus leur avait commandé et, ayant amené l'ânesse et l'ânon, ils les couvrirent de leurs vêtements et le firent monter dessus. Une grande multitude de peuple étendit aussi ses vêtements sur son passage, les autres coupaient des branches d'arbres et les jetaient dans le chemin et tous ensemble criaient : Hosanna ! Béni soit celui qui vient au nom du Seigneur ! (St Mathieu, ch. XXI.)

La colonne extérieure de la même arcade contient un second sujet : *la conversion de saint Paul*. Paul était allé trouver le grand prêtre et lui avait demandé des lettres pour les synagogues de Damas, afin que s'il trouvait quelques disciples de Jésus, il les amenât prisonniers à Jérusalem. Comme il était en route et qu'il approchait de Damas, il fut tout d'un coup environné d'une lumière du ciel et étant tombé par terre, il entendit une voix qui lui disait : Paul, Paul, pourquoi me persécutes-tu ? Ceux qui l'accompagnaient s'arrêtèrent tout étonnés, car ils entendaient une voix, mais ils ne voyaient personne. (*Actes des Apôtres*, ch. IX.)

Le dernier chapiteau représente les apôtres prêts à se disperser dans tout l'univers pour y prêcher l'Évangile. Ils se disposent à obéir à cet ordre de Notre-Seigneur : Allez et instruisez tous les peuples. (St Mathieu, ch. XXVIII.) Après l'Ascension, dit saint Marc, les disciples partirent et prêchèrent partout l'Évangile. (St Marc, ch. XVI.)

Sur l'entablement de ces deux dernières travées, se trouvent les Vierges sages avec leurs lampes à la main, et les Vierges folles endormies tenant leurs lampes renversées.

Sur le mur intérieur de cette galerie, on lit les trois épitaphes suivantes :

I

HIC REQVIESCIT DVRANDVS
SACERDOS. PRECENT-
OR ET CANONIC. R.
SCI. TROPHIMI QVI OBIIT
ANNO DNI MCCXII. VI K. JV-
NII.

II

ANNO DNI MCCXXXVIIII. VIII. ID.
NOVEMBRIS OBIIT VILELMVS DE
MIRAMAS. ORATE PRO EO.

II

III. ID. SEPTEMBRIS OBIIT VI-
LELMVS BOSO SACERDOS CA-
NONICVS REGVLARIS ET
PREPOSITVS SCI. TROPHIMI.
ANNO DNI MCLXXX PRIMO.

Sur le même mur, on voit deux écussons avec une aigle impériale : ce sont les armes du chapitre de la primatiale, et ces armes sont un souvenir du temps où les empereurs d'Allemagne portaient le titre de rois d'Arles et venaient se faire couronner à St-Trophime.

III. — GALERIE DU MIDI

La reconstruction des deux galeries du midi et de l'ouest est de la fin du xiv° siècle. Elle fut commencée par François de Conzié, nommé archevêque d'Arles, le 31 janvier 1389, et transféré à Toulouse, le 17 octobre 1390. Son court passage sur le siége primatial ne fut marqué que par les soins donnés à cette restauration, qui fut achevée par son successeur, Jean de Rochechouart.

La galerie du midi diffère de toutes les autres : ce n'est plus le roman, c'est le gothique ; ce n'est plus le cintre, c'est l'ogive. Les colonnes n'y sont disposées ni comme dans les deux premières galeries, ni comme dans la quatrième : il y a alternativement une colonne et un pilier, puis une colonne et un pilastre : des niches disposées de trois en trois entourent et décorent les pilastres ; elles sont richement travaillées et surmontées d'un baldaquin à jour, elles étaient primitivement remplies par des statues qui ont depuis longtemps disparu. Dans cette galerie, comme dans la suivante, les deux chapieaux des deux colonnes géminées et leur corniceh ne sont qu'un seul bloc ; mais tandis que les sujets des sculptures de tous les autres chapiteaux sont tirés de l'Ancien ou du Nouveau Testament, ceux de cette galerie sont pris dans l'histoire ecclésiastique des premiers siècles, ou plutôt dans le symbolisme du moyen-âge.

Le pilier d'angle entre la seconde et la troisième galerie est évidemment plus ancien que la restauration de la fin du xıv^e siècle : il suffit de le voir pour n'avoir à cet égard aucun doute.

La statue de Gamaliel sert de montant à ce pilier: le personnage lui-même indique son nom, car il tient entre ses mains un livre sur lequel est écrit en caractères gothiques : *Gamaliel*. Gamaliel, un des plus fameux docteurs pharisiens, avait été le maître de saint Paul. Je suis juif, dit l'apôtre, j'ai été élevé à Jérusalem par Gamaliel et instruit par lui dans la manière la plus exacte d'observer la loi de nos pères. (*Actes des Apôtres,* ch. xxII.)

Le centre du pilier est occupé par une coquille supportée par une statue dans une des positions les plus bizarres. Cette coquille a pu servir de bénitier, mais n'a très certainement jamais été un baptistère : le puits qui se trouve en face était simplement destiné à fournir de l'eau pour les besoins des chanoines avant qu'ils fussent sécularisés. La margelle est formée d'un bloc de marbre blanc : c'est la base renversée et forée d'une colonne du théâtre. Les rainures que l'on y remarque n'ont certainement pas été produites par le frottement répété de la corde qui sert à puiser l'eau, la corde n'a fait que les polir ; elles ont été primitivement creusées pour la diriger et en empêcher les déviations.

Comme les deux précédents, le troisième pilier angulaire a deux panneaux. Le premier représente le lavement des pieds, la cène et le baiser de Judas.

Le lavement des pieds. — Jésus se leva de table, quitta ses vêtements, prit un linge, s'en ceignit, puis ayant versé de l'eau dans un bassin, il commença à laver les pieds de ses disciples et à les essuyer avec le linge dont il était ceint. Il vint à Simon Pierre, qui lui dit : Quoi ! Seigneur, vous me laveriez les pieds ? Jamais vous ne me laverez les pieds. Jésus lui dit : Si je ne vous lave, vous n'aurez point de part avec moi. Alors, dit Simon Pierre, non seulement les pieds, mais les mains et la tête. (St Jean, ch. XIII.)

La Cène. — Pendant le repas, Jésus prit du pain et, l'ayant béni, il le rompit et le donna à ses disciples, en disant : Prenez et mangez, ceci est mon corps. (St Mathieu, ch. xxvi.)

Le baiser de Judas. — Judas arriva dans le jardin des oliviers avec une grande troupe de gens armés d'épées et de bâtons. Il leur avait dit : Celui que je baiserai est celui même que vous cherchez. Aussitôt donc s'approchant de Jésus, il lui dit : Maître, je vous salue, et il le baisa. Jésus lui répondit : Mon ami, qu'êtes-vous venu faire ici ? Vous trahissez le fils de l'homme par un baiser ! (St Mathieu, ch. xxvi.)

Le second panneau contient le baptême et la tentation de Notre-Seigneur.

Le Baptême. — Jésus vint de Galilée au Jourdain auprès de Jean pour être baptisé par lui. Mais Jean s'en défendait, en disant : C'est moi qui dois être baptisé par vous et vous venez à moi ! Jésus lui répondit : Laissez-moi faire, c'est ainsi qu'il faut que nous accomplissions toute justice. Saint Jean ne lui résista plus. Jésus ayant été baptisé, sortit aussitôt de l'eau et fut conduit par l'esprit dans le désert pour y être tenté. (St Mathieu, ch. iii.)

Un premier tableau nous représente Notre-Seigneur recevant le baptême des mains de saint Jean-

Baptiste et se retirant ensuite dans le désert. Il y jeûna pendant quarante jours ; après ce long jeûne, il eut faim et le tentateur s'approchant de lui, lui dit : Si vous êtes le fils de Dieu, commandez que ces pierres deviennent des pains.

Un second et un troisième tableau représentent les deux autres tentations. Le tentateur transporta Jésus à Jérusalem sur le haut du temple, et lui dit : Si vous êtes le Fils de Dieu, jetez-vous en bas, car il est écrit : Il a ordonné à ses anges d'avoir soin de vous, et ils vous soutiendront de leurs mains... Le tentateur le prit encore et le transporta sur une haute montagne et, lui montrant tous les royaumes du monde avec la gloire qui les accompagne, il lui dit : Je vous donnerai toutes ces choses si vous vous prosternez et m'adorez ?. (St Mathieu, ch. IV.)

Les chapiteaux de cette galerie ne rappellent aucun fait historique, ils contiennent plutôt un enseignement. Ce n'est plus de l'histoire, c'est du symbolisme. Il semble que l'on a voulu indiquer aux chrétiens, et aux religieux surtout, à quelles sources ils doivent aller puiser les forces et les consolations dont ils ont besoin, au milieu des travaux et des persécutions de la vie. Les sources indiquées dans les six chapiteaux sont : Notre-Seigneur, la Sainte Vierge, la Prière, l'Eucharistie, la Providence et l'Eglise.

1° Notre-Seigneur est debout et enseigne : A ses côtés se pressent des religieux recevant ses enseignements dans l'attitude du respect et de l'attention.

2° La Sainte Vierge est assise et tient l'Enfant Jésus entre ses bras ; des religieux sont à genoux à ses pieds ; des voyageurs arrivent à cheval et paraissent venir de loin solliciter sa protection.

3° Notre-Seigneur est assis sur un trône, avec le sceptre et la couronne ; des confesseurs de la foi, les bras chargés de liens, le prient ; derrière eux, on voit des bourreaux armés de massues.

4° Un autel occupe le devant du chapiteau de la quatrième colonne, des martyrs enchaînés l'entourent et viennent demander à l'Eucharistie la force de souffrir, et, s'il le faut, de mourir pour la foi ; ils sont entourés de bourreaux.

5° Des martyrs pendus expirent dans les tourments ; d'autres qui ont déjà la corde au cou sont conduits au supplice : une main divine apparaît au-dessus de leurs têtes, c'est la Providence de Dieu qui les soutient, qui les fortifie et les console et qui les conduit à la récompense.

6° Un évêque bénit des martyrs enchaînés qui l'entourent ; l'intérieur du chapiteau est occupé par des bourreaux armés d'instruments de supplice. Avec l'évêque qui la représente, l'Église bénit ses enfants persécutés : elle prie pour eux et les encourage.

L'autel qui est au fond de la galerie a été restauré à la fin du XVIIe siècle, par Jean-Baptiste de Grignan, dont les armes sont apposées sur le mur ; mais il est évidemment plus ancien et il date probablement de la construction même du cloître. On y célébrait l'office des morts lorsque les chanoines étaient enterrés dans le préau ou les galeries ; on avait continué à le faire en certaines circonstances depuis. On a gravé sur un des côtés ce nom et cette date : *Galantier 1749*, pour rappeler le souvenir d'un prêtre qui mourut en y célébrant la messe.

Deux statues mutilées ont été trouvées dans des restaurations récentes : l'une représente la Sainte Vierge, l'autre un évêque. On ne sait ni quelles places elles occupaient dans le cloître, ni même si elles y avaient une place. On peut en dire autant d'une statue d'apôtre, placée aujourd'hui le long du mur de la seconde galerie. Les deux parties qui la composent ont été trouvées dans le Rhône à un siècle d'intervalle l'une de l'autre.

IV. — Galerie de l'Ouest

La galerie de l'Ouest est dans le même style que la précédente, mais elle en diffère par les détails d'ornementation et par la disposition des colonnes. Les deux chapiteaux et leur corniche sont d'une seule pièce, comme dans la galerie du Midi, mais ils représentent tous des sujets historiques ; les colonnettes y alternent régulièrement avec les piliers, et il n'y a plus de pilastres ornés de niches.

Les sujets sculptés sur les chapiteaux de cette galerie, sont : la lapidation de saint Etienne, Samson, sainte Marthe et la Tarasque, Marie Madeleine chez Simon le lépreux, l'Annonciation, le couronnement de la Sainte Vierge et la Pentecôte.

La lapidation de saint Étienne. — Le martyre de saint Etienne fait le sujet d'un des panneaux du pilier d'angle de la seconde galerie et le sculpteur l'a représenté au moment où le saint se met à genoux, prie pour ses bourreaux et va rendre son âme à Dieu. Le premier chapiteau de la quatrième galerie représente la lapidation proprement dite et le commencement du drame plutôt que la fin.

Samson. — Le second chapiteau représente deux traits de la vie de Samson : il terrasse un lion, Dalila lui fait couper les cheveux.

Samson allait un jour à Thamnatha avec son père et sa mère ; ils étaient arrivés aux vignes qui sont près de la ville, tout à coup un jeune lion furieux en sortit et courut en rugissant au-devant de Samson. L'esprit du Seigneur s'empara de Samson, qui mit l'animal en pièces, sans avoir rien dans la main. (Juges, ch. xiv.)

Dalila dit à Samson : Dites-moi d'où vous vient cette force extraordinaire.... et, comme elle l'importunait sans cesse et qu'elle se tint plusieurs jours auprès de lui sans lui laisser un moment pour se reposer, il finit par tomber dans une tristesse mortelle et lui découvrit toute la vérité, en lui disant : Si on me rasait la tête, toute ma force m'abandonnerait et je deviendrais faible comme tous les autres hommes.... Dalila fit dormir Samson sur ses genoux et ayant appelé un barbier, elle lui fit couper les cheveux, puis elle le repoussa loin d'elle. Les Philistins le prirent, lui crevèrent les yeux et l'emmenèrent chargé de chaînes, car sa force extraordinaire avait disparu. (Juges, ch. xvi.)

Sainte Marthe et la Tarasque. — Entre Arles et

Avignon, près des bords du Rhône, était un désert rempli de bêtes féroces et de reptiles venimeux. Entre autres animaux, il y avait là un terrible dragon, d'une longueur et d'une grosseur extraordinaires. Son souffle répandait une fumée pestilentielle, ses yeux lançaient des flammes, sa gueule armée de dents aiguës faisait entendre des rugissements horribles. Il déchirait avec ses griffes et ses dents tout ce qu'il rencontrait et la seule infection de son haleine suffisait pour donner la mort à tous ceux qui l'approchaient. Un jour que Marthe prêchait la parole de Dieu, quelques-uns de ses auditeurs dirent : Si le Messie que cette sainte fille nous prêche a quelque pouvoir, que ne le montre-t-il en faisant périr ce dragon ? Si vous êtes disposés à croire, leur répondit Marthe, tout est possible à celui qui croit. Tous promirent de croire. Aussitôt elle se rendit au repaire du dragon, et par le signe de la croix qu'elle fit, elle apaisa sa férocité ; elle l'attacha ensuite avec sa ceinture, et s'adressant au peuple : Voilà que je tiens le monstre, dit-elle, approchez sans crainte. Mais la foule osait à peine se rassurer, il fallut qu'elle l'excitât à frapper le dragon, pour que prenant des armes, on osât l'attaquer et le mettre en pièces. Ce lieu s'appela dès lors Tarascon, du nom du dragon qu'on appelait Tarasque. (Raban-Maur, *Vie de sainte Madeleine et de sainte Marthe*, ch. xl).

Marie Madeleine chez Simon le Lépreux. — Pendant que Jésus était à Béthanie, chez Simon le Lépreux, et qu'il était à table, il vint une femme avec un vase d'albâtre, plein d'un parfum d'un grand prix. Et se tenant derrière lui à ses pieds, elle commença à les arroser de ses larmes et elle les essuyait avec ses cheveux, les baisait et les embaumait avec ce parfum. Jésus lui dit : Vos péchés vous sont remis, allez en paix, votre foi vous a sauvée. (St Marc, ch. xiv et St Luc, ch. vii.)

L'Annonciation. — Catherine Emmerich raconte ainsi l'Annonciation : Je vis la Vierge prier longtemps et avec ferveur, les yeux levés vers le ciel. Elle demandait à Dieu la rédemption, le roi promis, souhaitant d'avoir par sa prière quelque part à son avènement. Elle pria longtemps à genoux, et ensuite je la vis baisser la tête sur la poitrine. Tout à coup, il descendit à sa droite une masse éclatante de lumière et je vis dans cette lumière un jeune homme lumineux, aux cheveux blonds et flottants, venir planer devant elle. C'était l'archange Gabriel. Je vis les paroles sortir de sa bouche comme des lettres lumineuses. Je les lus et je les entendis en même temps. Marie tourna un peu de ce côté sa tête voilée, cependant par modestie elle ne le regarda pas. L'ange parla de nouveau et Marie prononça ces paroles: Qu'il me soit fait suivant votre parole. *(Vie de la Très-Sainte Vierge,* ch. VII.)

Le Couronnement de la Sainte Vierge. — Le ciel, aussi bien que la terre, dit Bossuet, a ses solennités et ses triomphes, ses cérémonies et ses jours d'entrée, ses magnificences et ses spectacles. Parmi les solennités glorieuses qui ont réjoui les saints anges et tous les esprits bienheureux, l'exaltation de la très-sainte Vierge dans le trône que son Fils lui destine doit faire sans doute l'un des plus beaux jours de l'éternité. Pour vous expliquer les magnificences de cette célèbre entrée, je pourrais vous représenter le concours, les acclamations, les cantiques de réjouissance de tous les ordres des anges et de toute la cour céleste. Je pourrais encore m'élever plus haut et vous faire voir la divine Vierge présentée par son divin Fils devant le trône du Père, pour y recevoir de sa main une couronne de gloire immortelle. (Bossuet, *Sermon sur l'Assomption de la Sainte Vierge.)*

La Descente du Saint-Esprit. — Quand les jours de la Pentecôte furent remplis, les disciples étant tous ensemble dans un même lieu, on entendit tout d'un coup un grand bruit comme le bruit d'un vent impétueux qui venait du ciel et qui remplit toute la maison où ils étaient réunis, et en même temps ils virent paraître comme des langues de feu qui se partagèrent et s'arrêtèrent sur chacun d'eux, et aussitôt ils furent tous remplis du Saint-Esprit. (*Actes des Apôtres*, ch. II.)

La voûte de cette galerie repose, du côté opposé au préau, sur un mur évidemment plus ancien que la restauration de François de Conzié : on y remarque, en effet, les vestiges d'une porte à plein cintre, qui appartient aux constructions du XIe siècle, et prouve que les quatre galeries furent construites en même temps et dans le même style.

Sur le même mur intérieur, on lit l'inscription suivante :

ORATE

PRO EO.

ANNO MCCXXI. IIII ID. OCTOB.

OBIIT BERTRAND. DE ATHILLANO CANO-

NIC. REGVLARIS SCI TROPHIMI. SACRISTA.

Pour donner une idée complète du cloître de St-Trophime, il resterait encore à parler de bien des détails qui ont aussi leur mérite et leur intérêt. En effet, comme l'a dit un des archéologues qui l'ont étudié avec le plus d'intelligence et d'amour, M. Clair : « Le cloître est à Arles l'œuvre la plus complète de l'art chrétien. Il a déposé là ses idées les plus gracieuses, ses ornements les plus recherchés, son luxe de sculpture, la variété de ses lignes, tous ses trésors de hardiesse et d'imagination. »

Mais ce n'est pas une étude complète du monument qu'on a voulu faire, ce n'en est qu'une simple description iconographique, et elle suffira pour guider les visiteurs, auxquels elle s'adresse principalement, sans les priver du plaisir de découvrir eux-mêmes une foule de détails dont elle ne leur parle pas. Plus complet, ce travail aurait pu laisser croire qu'on peut connaître le cloître sans l'avoir vu ; tel qu'il est, il en dit trop pour ne pas engager à le visiter, il n'en dit pas assez pour ne pas laisser place encore à bien d'agréables surprises.